DIESES BUCH GEHÖRT:

____

____

____

www.ingramcontent.com/pod-product-compliance
Lightning Source LLC
Chambersburg PA
CBHW030016190526
45157CB00016B/2874
* 9 7 8 1 0 7 4 7 6 9 7 3 4 *